PAROLES

PRONONCÉES

PAR MONSEIGNEUR GERMAIN

ÉVÊQUE DE COUTANCES ET AVRANCHES

AUX OBSÈQUES DE M. CHAMPIN

ANCIEN PREMIER PRÉSIDENT DE LA COUR DE CAEN.

COUTANCES

IMPRIMERIE DE SALETTES, LIBRAIRE-ÉDITEUR.

1882

PAROLES

PRONONCÉES

PAR MONSEIGNEUR GERMAIN

ÉVÊQUE DE COUTANCES ET AVRANCHES

AUX OBSÈQUES DE M. CHAMPIN

ANCIEN PREMIER PRÉSIDENT DE LA COUR DE CAEN.

COUTANCES

IMPRIMERIE DE SALETTES, LIBRAIRE-ÉDITEUR.

1882

PAROLES

PRONONCÉES

PAR MONSEIGNEUR GERMAIN

Evêque de Coutances et Avranches

AUX OBSÈQUES DE M. CHAMPIN

ANCIEN PREMIER PRÉSIDENT DE LA COUR DE CAEN

—

MESSIEURS,

Est-ce bien à moi qu'il convient d'élever la voix en cette lugubre cérémonie ? Est-ce que, comme Bourdaloue, au lendemain des funérailles du Président Lamoignon, mon regret particulier (car combien en particulier me doit être non seulement vénérable, mais précieuse et chère la mémoire de notre Défunt!) est-ce que ma douleur très vive et très sincère ne devrait pas m'empêcher de m'expliquer autrement que par mon silence et par mes larmes ? Mais comment enchaîner les sentiments de filiale affection, d'admiration sincère et je ne crains pas d'ajouter de vénération profonde que j'ai depuis si longtemps voués à celui qui va descendre dans la tombe ? — Est-ce que d'ailleurs l'éloge n'est pas dans vos cœurs à tous, impatient de trouver une voix ?

Est-ce que cette imposante assemblée n'attend pas un hommage si justement dû à celui qu'elle ne s'est pas contentée d'honorer dans la vie, mais qu'elle vient honorer jusque dans la mort ?

Lorsqu'il y a un an M. le Premier Président Champin descendait de son siège, vous avez tous ratifié ces paroles écrites à sa louange : « Qu'il nous suffise, en ce moment où le Chef de la Cour de Caen dépose pour toujours cette noble robe de magistrat qu'il sut porter jusqu'à la dernière heure *sans peur et sans reproche,* de nous faire l'interprète de tous les hommes de cœur et de liberté dont l'indépendance de sa conscience lui a acquis l'éternelle gratitude. »

En face de son cercueil, ces paroles ne sauraient plus suffire. Il importe, à cette heure, de recueillir les traits de la grande figure qui disparaît aujourd'hui, d'arrêter cette physionomie, de la fixer autant qu'il est possible, afin que non seulement les amis se plaisent à reconnaître celui qu'ils ont aimé, mais encore afin qu'ils conservent devant leurs yeux un modèle de vertu qui ne doit pas périr.

Cette physionomie, un mot suffit à la peindre, mais un de ces mots pleins que notre langue réserva toujours au petit nombre : *l'intégrité.* Quand nous aurons montré dans M. Champin le chrétien intègre, le magistrat intègre, nous l'aurons rendu tout entier. Surmontant ma trop légitime tristesse, je vais essayer de le faire brièvement, sans bruit, sans pompe, avec cette simplicité qu'estimait tant notre cher défunt et qui est, vous le savez bien, la marque du vrai mérite.

I.

On l'a dit, Messieurs, avec trop de raison : « La vie chrétienne est rare aujourd'hui, même en ceux qui sont chrétiens. L'abaissement des caractères, l'incertitude des convictions, la ressemblance de toute vie avec toute vie semble prouver que la grandeur évangélique n'imprime plus son sceau sur les âmes avec assez d'énergie. »

Chez notre Premier Président, l'élévation du caractère, la solidité des convictions, le relief particulier de la vie, n'en ressortent qu'avec plus d'éclat et témoignent avec quelle énergie le sceau évangélique était imprimé dans son âme d'élite.

La foi, les convictions chrétiennes ! comme elles étaient gravées dans cet esprit éminent et logique ! Quand on voulait discuter devant lui les mystères de la religion, y chercher des explications : « A quoi bon ? répondait-il, je crois en Dieu ; je crois la divinité de Jésus-Christ ; je crois la divinité de l'Eglise qu'il a instituée. Tout est là pour moi. Quoi qu'elle m'enseigne, je crois une autorité qui ne peut me tromper, je la crois sans restriction, sans réserve. » — De là, Messieurs, cette aspiration qui, chez lui, dominait tout : craindre Dieu, s'efforcer de lui plaire dans toutes ses pensées, dans toutes ses paroles, dans les actes de sa vie tout entière.

N'est-ce pas là, pour le dire en passant, le secret de cette force de volonté qui a fait de lui, dans toute l'acception du mot, *un homme*, le secret de cette force qui ne biaisait jamais devant l'obstacle, et qui marchait toujours directement au but?

Appuyé sur ses convictions, notre cher défunt souriait de pitié devant ces misérables pensées, ces mesquines inquiétudes qui s'effraient à la vue d'une servante, devant ce malheureux respect humain qui tourmente et asservit tant d'hommes de nos jours. Pour lui, point de tergiversations, point de mollesse, point de frayeur pusillanime. Chrétien par la foi, il se montrait chrétien par les œuvres.

Eglise de Saint-Sylvain, église de Saint-Jean de Caen, vous l'avez vu, depuis de longues années, accomplissant avec la simplicité d'un enfant, non pas seulement les grands préceptes de la vie chrétienne, mais les conseils même de la piété. Pour ma part, je garde au cœur le souvenir ému de cette piété aussi tendre que virile. Je le vois encore, avec une édification qui ne s'effacera jamais de ma mémoire, ce vaillant chrétien, assistant chaque matin au sacrifice de la messe et s'arrachant le soir aux douceurs de la famille pour venir se prosterner devant le Saint-Sacrement et puiser à leur véritable source la lumière et le courage. — Quel recueillement dans son attitude! Quelle confiance et quelle ferveur dans sa prière! Comme on sentait qu'il avait vraiment le cœur en Dieu et Dieu dans le cœur! — Je l'entends encore, et je l'entendrai longtemps, m'adressant, il y a quelques jours à peine, sur ce lit de douleur, qui allait hélas! devenir trop tôt son lit de mort, cette touchante parole : « Pendant que vous direz la messe à mon intention, je vais essayer de réciter de mon mieux mon chapelet. »

Il est beau, Messieurs, il est consolant, en ces jours de défaillance et d'irréligion croissante, de contempler un esprit de cette trempe et de cette culture donnant un tel spectacle à tant d'yeux infirmes, une telle leçon à tant d'esprits légers!

Un croyant si robuste pouvait-il ne pas sentir vivement les

épreuves de l'Eglise ! Lui qui voyait dans l'Eglise, comme son illustre ami, M. Guizot, « une grande école de respect », qui la regardait comme la colonne de la vérité, comme le plus ferme appui de l'ordre religieux et social, combien il souffrit des blessures qui lui furent faites en ces derniers temps ! Avec quelle intrépidité n'a-t-il pas défendu la liberté divine de l'Eglise et le droit de ses enfants à vivre selon l'Evangile !

L'amour du chrétien pour l'Eglise catholique rendait plus vif encore l'amour du citoyen pour sa patrie. Il pensait à bon droit que là où Dieu n'est ni connu, ni respecté, ni aimé, le soleil ne peut éclairer que des ruines. Quand, au sein du Conseil général, du Conseil départemental, dans toutes les réunions, il prenait en main, avec l'énergie qui le caractérisait, la défense des intérêts religieux, il avait la conscience de travailler non moins efficacement aux intérêts mêmes de la société. La conscience de servir à la fois la religion et la patrie le rendait supérieur à toutes les attaques, supérieur à toute considération humaine, et, plutôt que de trahir cette cause deux fois sacrée, il n'est pas de sacrifice, si pénible fût-il, qu'il n'eût affronté sans hésitation.

C'était surtout le foyer domestique que le vénéré défunt réjouissait de sa touchante piété. C'est là que se révélaient, dans tout leur charme et avec tout leur parfum, les vertus de l'époux et du père de famille. Quelle tendresse il savait tirer du bon trésor de son cœur ! Quelle bienfaisante influence sa parole calme, modérée, sereine, exerçait en ce royaume chéri qu'il gouvernait, d'un sceptre si doux, dans la confiance, la paix et l'abandon ! Aussi, autour de lui, c'était plus que le respect dû à la majesté du père ; c'était comme la vénération qui entourait le patriarche des premiers jours.

Heureux sanctuaire, tout embaumé des dons que célèbre saint Paul, la prudence, la distinction, la modestie, la cordialité, l'ordre parfait !

Pourquoi faut-il que de tels foyers soient aujourd'hui si rares !

Si, trop souvent, de nos jours, la famille se lamente sur l'absence du respect, sur les révoltes intestines, sur la discorde et la division des cœurs, n'est-ce point, hélas ! le plus ordinairement, parce que Dieu n'y tient plus sa place, parce que le père n'y est plus chrétien ?

Pourrais-je oublier, Messieurs, en parlant du chrétien dans la famille, de parler du chrétien dans l'amitié ? Plus que personne peut-être j'ai connu les richesses de ce cœur qui vient de s'éteindre, et senti le bienfait de son affection. Comme il réalisait admirablement la définition que donnent à la fois de l'amitié Cicéron et saint Augustin : « C'est l'accord parfait des sentiments sur les choses divines et humaines, joint à la bienveillance et à la tendresse réciproques ! » *Est autem amicitia nihil aliud nisi omnium divinarum humanarumque rerum, cum benevolentia et caritate, summa consensio.* Quand les anciens voulaient symboliser l'amitié, ils la représentaient, dit-on, sous l'emblème d'un *jeune homme*, parce que l'amitié ne doit jamais vieillir ; *la tête découverte*, parce que nul ne doit jamais rougir de son ami ; portant écrit sur le front : *hiver comme été*, parce que l'ami doit être fidèle à son ami dans la bonne comme dans la mauvaise fortune ; montrant du doigt son cœur avec cette sentence : *De loin comme de près*, parce que l'absence ne devait pas l'affaiblir ; on lisait enfin sur le bord de sa robe : *A la vie, à la mort.* Ce symbole, quelque peu subtil, si vous le voulez, indique bien néanmoins les caractères de l'amitié, ces caractères que nous pouvons si aisément reconnaître et admirer dans celui que la mort vient de nous ravir. En effet, loin de refroidir son cœur, les années semblaient au contraire lui communiquer une chaleur plus vive. Loin de fatiguer son dévouement, l'épreuve semblait le fortifier. Et c'est de ce dévouement, à la fois si solide et si tendre, que ceux qui eurent le bonheur d'en être l'objet peuvent affirmer qu'il existait *de loin comme de près*, *l'hiver comme l'été*, qu'il était bien *à la vie et à la mort !* C'est qu'il aimait en chrétien; et les chrétiens s'aiment en Dieu, ils vivent et sont unis en Dieu qui ne change pas. Aussi devant cette tombe ouverte, nos cœurs saignent cruellement. Ils répètent en gémissant la parole de l'Ecriture : Nous pleurons l'ami fidèle qui nous était une si puissante protection. Nous pleurons le trésor que Dieu nous enlève. *Amicus fidelis protectio fortis. Qui invenit illum, invenit thesaurum.*

Voilà le chrétien, Messieurs, tel que vous l'avez connu; voilà le serviteur fidèle et prudent, le serviteur dévoué à son Dieu, dévoué à l'Eglise, dévoué au pays, dévoué à l'amitié, dévoué à la famille, au sein de laquelle ses vertus ont trouvé dès ici-bas leur récompense, s'il est vrai que l'intimité de la vie avec des êtres de choix est ce qu'il y a sur la terre de plus doux, de plus parfait, de plus semblable à la vie du ciel.

Mais la religion ne fait pas seulement le chrétien; elle est, comme on l'a dit justement, elle est, dans le cœur de l'homme, le sommet des devoirs, des pensées, des sentiments; elle projette sa lumière dans toutes les directions; elle est la justice à son plus haut degré. Voilà pourquoi dans le chrétien intègre nous pouvons admirer également l'intégrité du magistrat.

II.

Bourdaloue, Messieurs, dans la page que je rappelais en commençant, a dépeint en ces termes l'ami qu'il venait de perdre: « Ce grand et illustre magistrat, qu'une mort aussi prompte que douloureuse vient de nous ravir ; cet homme, l'honneur de son pays, l'ornement de sa condition, l'appui et le soutien de la justice, le modèle vivant de la probité, l'amour de tous les gens de bien ;... cet homme qui sut si bien accorder la grâce de sa modestie avec l'élévation de sa dignité, la douceur de son esprit avec la fermeté de son ministère, les vertus qui le faisaient aimer avec celles qui, malgré lui-même, le faisaient révérer et admirer. »

Voilà le magistrat parfait. A ces traits, Messieurs, n'avez-vous pas reconnu celui que nous perdons, et ne devrais-je pas m'arrêter ici ? N'est-ce pas assez pour M. Champin, n'est-ce pas assez pour sa gloire qu'il puisse porter, sans fléchir, le poids d'une telle louange ?

Que s'il faut poursuivre mon sujet, étudions ensemble les qualités qui font le vrai magistrat. Trois qualités surtout sont nécessaires à l'homme qui se voit appelé à rendre la justice : la *science* d'abord, puis l'*indépendance du caractère* et enfin la *conscience*.

La science du vénéré défunt, qui, parmi vous, Messieurs, n'a pu la constater ? Qui ne sait jusqu'à quel point son esprit était pénétrant et lucide, grave et sérieux? Qui ne sait les succès qui marquèrent ses études au collège de Falaise et à la Faculté de Droit? Qui ne sait avec quelle opiniâtreté, pendant qu'il remplissait ces fonctions sacrées de l'avocat qui tient entre ses mains les intérêts, l'honneur, parfois même la vie de ses clients, avec quelle opiniâtreté, dis-je, il se livrait au travail, étudiait les lois, approfondissait les causes qu'il avait à défendre? Qui ne sait que, consulté de toutes parts, il donnait des réponses brèves, précises, décisives comme un article du Code? Qui ne sait enfin la noble et légitime renommée qu'il avait conquise?

Entré plus tard dans la magistrature, il montra dans sa conduite, comme dirait Bossuet, tout l'esprit et les maximes d'un juge qui, attaché à la règle, ne porte pas dans le tribunal ses propres pensées, ni des adoucissements ou des rigueurs arbitraires, mais qui veut que les Lois gouvernent et non pas les hommes. Mieux que moi, Messieurs, vous qui l'avez suivi dans le secret de vos conseils, vous pourriez déclarer si vous ne l'avez pas vu, pour parler encore avec Bossuet, toujours libre dans la conversation, toujours grave dans les affaires, toujours aussi modéré que fort et insinuant dans ses discours, prenant sur les esprits un ascendant que la seule raison lui donnait. — Mieux que moi, vous pourriez proclamer l'autorité qui s'attachait aux arrêts de votre Premier Président d'un bout à l'autre de la France, et, mieux que personne, apprécier « les monuments impérissables qui, comme on l'a dit, immortaliseront le souvenir du Jurisconsulte dans les annales judiciaires ».

A la science notre regretté défunt joignait une indépendance de caractère plus précieuse encore. Inaccessible à toute séduction, il entendait exercer, selon le mot de la Sainte Ecriture, non pas le jugement des hommes, mais le jugement de Dieu lui-même. Pour lui, point de faiblesses, point de lâches compromis ou de basses complaisances, point d'acception de personnes, point de langueur dans les affaires, point de délais préjudiciables.

Non, ce n'est pas à lui, Messieurs, ce n'est pas à M. le Premier Président Champin que peuvent s'appliquer ces paroles qu'ajoutait Bossuet il y a deux siècles : « Lorsque le juge veut s'agrandir et qu'il change en une souplesse de Cour le rigide et inexorable ministère de la justice, il fait naufrage contre ces écueils. On ne voit dans ses jugements qu'une justice imparfaite, justice qui fait semblant d'être rigoureuse à cause qu'elle résiste aux tentations médiocres et peut-être aux clameurs d'un peuple irrité, mais qui tombe et disparaît tout à coup lorsqu'on allègue, sans ordre même et mal à propos, le nom de César. Que dis-je? le nom de César? Ces âmes prostituées à l'ambition ne se mettent pas à si haut prix. Tout ce qui parle, tout ce qui approche, ou les gagne, ou les intimide, et la justice se retire d'avec elles. »

Non, cher et vénéré défunt, vous n'étiez pas de cette lignée. Vous aviez, comme vous l'avez proclamé vous-même dans une solennelle circonstance, faisant à votre insu votre propre portrait, vous aviez un sentiment profond d'indépendance dans l'accomplissement de votre mission, un respect absolu de la loi dont vous étiez l'esclave. Le souffle de la politique n'a pas entaché une seule de vos décisions. Vous étiez de ces magistrats qui ne se laissent jamais troubler dans le prétoire par le frémissement des passions du dehors; et, lorsque vous montiez sur votre siège, il ne restait, au fond de votre âme, ni une crainte ni une espérance. Vous avez honoré votre pays par l'étendue de vos lumières, l'élévation de votre caractère, la sincérité de votre patriotisme, la noblesse et la dignité de votre vie. Et c'est de vous qu'on peut dire encore que, par une ferme résolution, par une forte habitude, vous étiez comme une place fortifiée, comme une colonne de fer, comme une muraille d'airain qu'on n'a jamais entamée.

Savez-vous, Messieurs, d'où lui venaient cette indépendance et cette fierté de caractère? Elles venaient de l'intégrité de sa conscience. La plupart des hommes sont chancelants et mobiles; ils ne savent pas résister au torrent qui, à certaines heures, emporte le monde. Les convictions inébranlables n'appartiennent qu'aux intelligences éclairées d'en haut et aux cœurs fortement soutenus par la main de Dieu. La loi de notre cher défunt, c'était de faire passer avant tout la conscience et la dignité, cette dignité qu'il respectait si religieusement en lui-même et dont il se montrait si ardemment jaloux quand il s'agissait des membres de sa grande Compagnie. Pour lui, le devoir était supérieur à tout. Aucun intérêt, aucune habileté, aucune faveur, aucune ambition ne devaient prévaloir contre ses prescriptions, ni même leur faire simplement échec.

Quand on n'éprouve au dedans de soi-même qu'une appréhension, celle de faillir à la mission dont on est investi, celle de contrarier le Juge suprême; quand on n'éprouve qu'un désir, celui d'être fidèle au devoir; quand, le regard tendu vers l'éternité, on ne songe qu'à suivre le chemin qui doit y conduire, c'est alors, Messieurs, qu'on est fort d'une force que rien ne peut détruire, que rien ne peut ébranler. Notre Premier Président était fort de cette force invincible, si bien qu'on a pu, avec pleine raison, écrire à son sujet : « Fais ce que dois, advienne que pourra, telle était la maxime du vieil honneur français que M. Champin osa faire vivre sans défaillance au sein de l'illustre Compagnie qui partagea avec lui la gloire d'avoir rendu des arrêts et non pas des services. »

C'est qu'en effet, Messieurs, administrer la justice, en faire son culte perpétuel, comme parle toujours Bossuet, son sacrifice du matin et du soir, voilà la vie de M. Champin. Oui, sa vie, Messieurs; et quand vint l'heure du repos, ce repos, qui, pour lui surtout, était un droit et une majesté, il sentit en quelque sorte la vie lui échapper.—Toutes les sympathies qu'il pouvait souhaiter, le suivirent dans sa retraite. De divers points de la France, des collègues éminents se firent un devoir de lui exprimer, en termes chaleureux, avec leurs fraternels regrets, l'estime qu'ils professaient pour son noble caractère, la sincère admiration que ses lumières leur inspiraient.

Ce fut son titre d'honneur à lui : les suffrages désintéressés de ses pairs dans la magistrature.

Il ne devait pas jouir longtemps de ces hommages si légitimement conquis. Sa vie, hélas! touchait à son terme; un mal impitoyable s'acharnait secrètement à la destruction de sa victime. Il y a quelques jours à peine, sentant venir la fin, il me disait avec la confiance du chrétien : « Je ne crains pas la mort ». Ici encore, qu'il me soit permis d'emprunter à Bossuet ses accents : « Vous étonnez-vous de sa tranquillité? Quelle maladie ou quelle mort peut troubler celui qui porte au fond de son cœur un si grand calme? — Que vois-je durant ce temps? Des enfants percés de douleur ; car ils veulent bien que je rende ce témoignage à leur piété, et c'est la seule louange qu'ils peuvent écouter sans peine. — Que vois-je encore? Une femme forte, pleine d'aumônes et de bonnes œuvres, précédée, malgré ses désirs, par celui que tant de fois elle avait cru devancer. Tantôt elle va offrir devant les autels cette plus chère et plus précieuse partie d'elle-même; » tantôt elle rentre auprès du mourant bien-aimé pour lui adoucir les douleurs de l'agonie et recueillir ce soupir suprême qui emporte l'orgueil, la joie, l'âme en un mot de la mère et des enfants.

Cette mort, Messieurs, est à la fois un vide immense et un immense deuil : deuil pour la famille, deuil pour l'amitié, deuil pour la justice, deuil pour le pays, deuil pour la religion. Inclinons-nous sous la main qui nous frappe. Adorons humblement les desseins de Dieu, adorons ses jugements qui ressemblent à l'abîme profond et insondable. *Judicia tua abyssus multa.*

Cher et vénéré défunt, c'est notre consolation d'espérer que làhaut, dans les célestes tabernacles, vous contemplez aujourd'hui sans voile cette Justice que vous avez si bien servie parmi nous. C'est un adoucissement à notre douleur de penser que vous contemplez, de vos yeux ravis, les lois éternelles d'où découlent ces lois humaines qui furent ici-bas votre passion et votre culte !

Que le Dieu qui, nous nous plaisons à le croire, est maintenant votre récompense, veuille bien tempérer pour ceux que vous laissez après vous les amertumes de l'exil ! Qu'il verse un baume vivifiant sur leur cœur mortellement blessé ! Qu'il soit leur père ! Qu'il les affermisse dans la résignation ! Qu'il ordonne à ses Anges de les maintenir fermes et courageux dans la voie où leurs larmes ne cesseront plus de couler jusqu'au jour de la bienheureuse réunion !

Pour nous, Messieurs, gardons, gardons en nos cœurs fidèles, le souvenir de celui que la mort vient de nous prendre. Sachons marcher généreusement sur ses traces et reproduire en nous-mêmes ses vertus. Aimons comme lui la justice. Soyons comme lui des hommes de devoir, des hommes de caractère, des hommes de conscience. — Comme lui, soyons chrétiens, chrétiens par les convictions, chrétiens par l'action. Il y va, non pas seulement de nos plus chers intérêts pour l'immortel avenir, mais de nos plus chers intérêts dans le présent ; il y va des intérêts de la famille et de la société.

N'oublions jamais ces graves paroles que comprenait si bien notre défunt et qui nous indiquent le vrai moyen de salut : « Notre pays est perdu, s'il ne revient à la religion. Il pourra s'agiter sans doute : mais ce sera une agitation stérile, tant qu'il n'aura pas ouvert les yeux à la lumière qui tombe, par Jésus-Christ et l'Evangile, des hauteurs de l'Eternité. »

COUTANCES. — IMP. DE SALETTES, LIBRAIRE-ÉDITEUR.

www.ingramcontent.com/pod-product-compliance
Lightning Source LLC
Chambersburg PA
CBHW060456050426
42451CB00014B/3361